CLAUDIA JÜRGENSMEIER

KÖRNIGER FRISCHKÄSE

• Kochbuch •

Email: info@edition-lunerion.de
www.edition-lunerion.de

Psiana eCom UG
Berumer Str. 44
26844 Jemgum

Vorwort

Ein ganzes Buch über Frischkäse? Na klar! Denn die körnige Variante des Milchprodukts ist ein unschlagbar wandelbarer Allrounder und kann so viel mehr als nur auf Brot landen. Neugierig geworden? Dann schnappen Sie sich diese Rezeptsammlung und machen Sie den Hüttenkäse zum Star bei Tisch!

Ernährungsphysiologisch ist er ein absoluter Volltreffer: Hüttenkäse gilt dank hohen Proteingehalts unter Sportlern längst nicht mehr nur als Geheimtipp, sein geringer Fettgehalt macht ihn zum perfekten Verbündeten für Abnehmwillige, dazu liefert er reichlich Mineralstoffe wie Natrium und Calcium. Darüber hinaus punktet er mit fein säuerlichem Geschmack, der verschiedensten Speisen eine besondere Frische verleiht – Grund genug also, die köstliche Nährstoffbombe öfter mal auf den Teller zu bringen. In diesem Buch entdecken Sie zahlreiche leckere Rezepte vom Frühstück über leichte Mahlzeiten, Snacks und Süßspeisen bis hin zu sättigenden Hauptgerichten für jeden Geschmack. Ob Veggie, Fleisch- oder Fischfan, hier kommen Sie in jedem Fall auf Ihre Kosten und entdecken immer wieder neue Lieblingsgerichte für die ganze Familie.

Guten Appetit!

INHALT

Hüttenkäse für das Cottage Feeling

Bevor es direkt ans Kochen geht, ist es sinnvoll, zu wissen, welche Zutaten Sie verwenden und über welche besonderen Eigenschaften diese verfügen. Wenn Sie schon einmal Hüttenkäse gesehen haben, wird Ihnen garantiert aufgefallen sein, dass er anders aussieht als normaler Frischkäse. Der Grund dafür ist, dass bei der Herstellung des Hüttenkäses keine Milchsäurebakterien verwendet werden, wie es bei herkömmlichem Frischkäse der Fall ist, sondern Milcheiweiß. Das Eiweiß stockt während der Gerinnung und bildet somit die Gallerte, die in kleine Teilchen zerlegt wird. Wird der Käse dann erwärmt, zieht sich die Gallerte zu kleinen Körnchen zusammen, die beim Endprodukt deutlich zu erkennen sind. Aus diesem Grund ist er auch unter dem Namen „Körniger Frischkäse" bekannt. Dank des besonderen Herstellungsprozesses unterscheidet sich der Hüttenkäse nicht nur optisch von anderen Frischkäsesorten, sondern auch geschmacklich. Er hat nämlich eine leicht saure Note und verleiht somit allen Gerichten, in denen er verwendet wird, eine besondere Frische. Hüttenkäse hat nicht viele Kalorien, enthält aber jede Menge Eiweiß und wichtige Mineralstoffe, wie beispielsweise Calcium oder Natrium. Das macht ihn zu einem beliebten Snack für Sportler und eignet sich darüber hinaus für Rezepte, die vor allem dem

Zweck des Abnehmens oder Muskelaufbaus dienen sollen. Gleichzeitig wirkt sich Hüttenkäse aufgrund des hohen Proteingehalts bei wenig Kohlenhydraten positiv auf den Blutzuckerspiegel aus.

Wie Sie sehen, gibt es also mehr als nur einen Grund, den Hüttenkäse als Dauerbewohner in Ihrem Kühlschrank stehen zu haben. Egal, ob Sie abnehmen, Muskeln aufbauen oder Ihren Körper mit Energie versorgen wollen oder sogar unter Diabetes Typ 2 leiden, Hüttenkäse kann Ihnen dabei helfen. Dabei spielt es keine Rolle, ob Sie den Käse kaufen oder selbst herstellen, gesund ist er in jedem Fall.

Kauf und Lagerung

Möchten Sie Hüttenkäse kaufen, statt ihn selbst herzustellen, gibt es nicht viel, was Sie beachten müssen. Es gibt ihn in verschiedenen Fettstufen und Geschmacksrichtungen. Einige Käsesorten wurden in der Herstellung sogar mit zusätzlichem Protein angereichert. Achten Sie beim Kauf am besten auf die Nährwerte, denn gerade Hüttenkäse, der zusätzliche Inhaltsstoffe enthält, die zur Herstellung eigentlich gar nicht nötig wären, kann gerne einmal ungesünder sein als das Natur-Erzeugnis.

Ungeöffneter Hüttenkäse hält sich sehr lange, meist sogar mehrere Monate. Selbst wenn das Mindesthaltbarkeitsdatum überschritten ist, können Sie ihn meist noch Tage später ohne Bedenken essen. Sobald er jedoch geöffnet wurde, ist er aufgrund des geringen Fettgehalts höchstens eine Woche haltbar. Das gilt jedoch nur, wenn er im Kühlschrank aufbewahrt wird, ansonsten wird er deutlich schneller schlecht. Nicht verwendeter Hüttenkäse kann darüber hinaus auch eingefroren werden und ist dann bis zu 6 Monate später noch essbar.

Sind Sie sich unsicher, ob Ihr Hüttenkäse noch gut ist, verlassen Sie sich auf Ihre Sinne. Sind weder Schimmel noch dunkle Flecken zu sehen, ist das schon einmal ein erstes gutes Zeichen. Überprüfen Sie im nächsten Schritt, ob sich der Geruch verändert hat. Sollten Sie auch beim Geruch nichts Ungewöhnliches bemerken, probieren Sie ein Bisschen. Ist der Hüttenkäse nicht mehr gut, riecht und schmeckt er besonders sauer. Sollte der Käse wässriger sein als gewöhnlich, ist das nicht unbedingt ein Zeichen dafür, dass er verdorben ist. Solange er noch normal riecht und schmeckt, hilft es in diesem Fall, ihn einfach gut durchzurühren.

GRUNDREZEPT: SELBSTGEMACHTER HÜTTENKÄSE

4 Port.

2 Std.

Leicht

Zutaten

1 l Milch (1,5 % Fett)
50 ml saure Sahne (10 % Fett)
3 EL Zitronensaft

Nährwerte p. P.

184 kcal
12 g Kohlenhydrate
11 g Fett
8 g Eiweiß

1 Verrühren Sie die Milch mit der Sahne und erwärmen Sie beides zusammen vorsichtig, bis die Mischung anfängt, zu dampfen.

2 Nehmen Sie den Topf vom Herd und rühren Sie den Zitronensaft unter die Milchmischung.

3 Decken Sie den Topf zu und lassen Sie die Mischung ruhen, bis sich ein Käsebruch gebildet hat. Schneiden Sie diesen in kleine Stücke und rühren Sie gut durch.

4 Geben Sie die Mischung in ein Sieb, das mit einem Käsetuch ausgelegt ist, und lassen Sie die Molke etwa 2 Stunden abtropfen.

5 Bewahren Sie den fertigen körnigen Frischkäse im Kühlschrank auf. Er ist dort etwa 5 Tage haltbar.

Tipp: Der fertige Frischkäse kann mit verschiedenen Gewürzen oder Kräutern abgeschmeckt werden.

Frühstück

BLAUBEER-HÜTTENKÄSE-MÜSLI

2 Port.

10 Min.

Leicht

Zutaten

300 g Hüttenkäse (3,9 % Fett)
200 g Heidelbeeren
150 g Müsli
2 TL Ahornsirup

Nährwerte p. P.

501 kcal
53 g Kohlenhydrate
18 g Fett
31 g Eiweiß

1 Waschen Sie die Heidelbeeren gründlich ab.

2 Zerquetschen Sie die Hälfte der Heidelbeeren und rühren Sie den Ahornsirup unter.

3 Heben Sie die Mischung aus Schritt 2 unter den körnigen Frischkäse.

4 Geben Sie das Müsli und die restlichen Beeren dazu und vermischen Sie alles gut miteinander.

FRÜHSTÜCKSKÜCHLEIN

 4 Port.

 25 Min.

 Leicht

Zutaten

200 g Hüttenkäse (3,9 % Fett)
50 g Rohrzucker
1 Ei
6 EL Vollkornmehl
1 EL Zitronensaft
1 TL Vanillezucker
½ TL Backpulver

Nährwerte p. P.

300 kcal
34 g Kohlenhydrate
12 g Fett
13 g Eiweiß

1 Vermengen Sie den Hüttenkäse mit dem Zitronensaft und den beiden Zuckersorten. Schlagen Sie das Ei auf und heben Sie es unter den Hüttenkäse.

2 Verrühren Sie das Mehl mit dem Backpulver und geben Sie es ebenfalls zum Hüttenkäse.

3 Erhitzen Sie etwas Öl in einer Pfanne und braten Sie jeweils kleine Kleckse des Teigs darin an, bis sie von beiden Seiten die gewünschte Bräune erreicht haben.

Tipp: Geben Sie etwas Vanillesoße über Ihre Küchlein oder garnieren Sie sie beispielsweise mit Obst oder Nüssen.

PORRIDGE

4 Port.

10 Min.

Leicht

Zutaten

300 ml Milch (1,5 % Fett)
300 ml Wasser
200 g Hüttenkäse (3,9 % Fett)
60 g Hirseflocken
40 g Haferflocken
2 TL Zimt

Nährwerte p. P.

316 kcal
20 g Kohlenhydrate
12 g Fett
32 g Eiweiß

1 Kochen Sie das Wasser gemeinsam mit der Hirse und den Haferflocken auf. Reduzieren Sie dann die Hitze und lassen Sie die Zutaten darin noch etwa 4 Minuten lang ziehen.

2 Rühren Sie die Milch unter und köcheln Sie alles zusammen bei geringer Wärmezufuhr etwa 8 Minuten.

3 Rühren Sie zum Schluss den Hüttenkäse und den Zimt unter.

Tipp: Garnieren Sie Ihren Porridge mit frischem Obst oder Nüssen.

RÜHREI

4 Port.

10 Min.

Leicht

Zutaten

8 Eier
80 g Hüttenkäse (3,9 % Fett)
50 g Schinkenwürfel
Salz & Pfeffer

Nährwerte p. P.

338 kcal
3 g Kohlenhydrate
23 g Fett
30 g Eiweiß

1 Braten Sie die Schinkenwürfel in einer Pfanne mit etwas Öl an, bis sie braun und knusprig werden.

2 Verquirlen Sie die Eier und vermengen Sie sie mit dem Hüttenkäse. Würzen Sie mit Pfeffer und Salz.

3 Geben Sie das Ei zu den Schinkenwürfeln in die Pfanne und braten Sie es unter ständigem Rühren an, bis es die gewünschte Festigkeit erreicht hat.

CHIA-FRÜHSTÜCK

1 Port.

5 Min.

Leicht

Zutaten

125 g Hüttenkäse
1 Apfel
25 g Chiasamen
25 g Kokosraspeln

Nährwerte p. P.

929 kcal
46 g Kohlenhydrate
45 g Fett
50 g Eiweiß

1 Geben Sie die Chiasamen gemeinsam mit etwas Wasser in ein Mikrowellengefäß und kochen Sie sie kurz in einer Mikrowelle auf.

2 Entkernen Sie den Apfel und pürieren Sie ihn gemeinsam mit dem Hüttenkäse.

3 Vermengen Sie alle Zutaten miteinander

Tipp: Anstelle eines Apfels können Sie auch anderes Obst verwenden.

HÜTTENKÄSE-OBST-FRÜHSTÜCK

2 Port.

10 Min.

Leicht

Zutaten

1 Apfel
4 Scheiben Ananas
2 kl. Stücke Ingwer
6 EL Hüttenkäse (3,9 % Fett)
4 EL gehackte Haselnüsse
2 EL geschroteter Leinsamen
4 TL Leinöl

Nährwerte p. P.

424 kcal
26 g Kohlenhydrate
29 g Fett
14 g Eiweiß

1 Schälen Sie den Ingwer und zerhacken Sie ihn. Rühren Sie den Ingwer gemeinsam mit den Leinsamen und dem Leinöl unter den Hüttenkäse.

2 Schneiden Sie das Obst in mundgerechte Stücke und geben Sie es auf den Frischkäse.

3 Verteilen Sie die Haselnüsse über dem Frühstück.

„FALSCHER MILCHREIS"

2 Port.

10 Min.

Leicht

Zutaten

400 g Hüttenkäse (3,9 % Fett)
2 EL Vanille-Puddingpulver
100 ml Milch (1,5 % Fett)
2 TL Zimt
1 EL Honig

Nährwerte p. P.

316 kcal
20 g Kohlenhydrate
12 g Fett
32 g Eiweiß

1 Erhitzen Sie die Milch gemeinsam mit dem Hüttenkäse unter ständigem Rühren in einem Topf.

2 Rühren Sie das Puddingpulver, den Honig und den Zimt unter.

3 Verteilen Sie den fertigen Milchreis auf zwei Schalen.

Salate

THUNFISCH-HÜTTENKÄSE-SALAT

2 Port.

5 Min.

Leicht

Zutaten

200 g Hüttenkäse (3,9 % Fett)
100 g Thunfisch
2 TL gehackte Petersilie
1 EL Leinöl
1 TL Leinsamen
Salz & Pfeffer

Nährwerte p. P.

233 kcal
3 g Kohlenhydrate
15 g Fett
23 g Eiweiß

1 Zerkleinern Sie den Thunfisch. Vermengen Sie alle Zutaten miteinander.

2 Schmecken Sie den Salat mit Pfeffer und Salz ab.

EIERSALAT

2 Port.

10 Min.

Leicht

Zutaten

2 Eier (gekocht)
4 Gewürzgurken
75 g Hüttenkäse (3,9 % Fett)
1 EL Naturjoghurt
1 TL Schnittlauch (gehackt)
½ TL Senf

Nährwerte p. P.

111 kcal
2 g Kohlenhydrate
7 g Fett
10 g Eiweiß

1 Schälen Sie die Eier und würfeln Sie sie. Schneiden Sie die Gurken in dünne Scheiben.

2 Verrühren Sie den Hüttenkäse mit dem Joghurt und dem Senf.

3 Vermengen Sie die festen Zutaten miteinander und rühren Sie sie dann unter den Hüttenkäse-Joghurt-Mix.

HÜTTENKÄSE-AVOCADO-SALAT

2 Port.

20 Min.

Leicht

Zutaten

200 g Hüttenkäse (3,9 % Fett)
1 Avocado
100 g Kirschtomaten
2 Eier (gekocht

Nährwerte p. P.

410 kcal
5 g Kohlenhydrate
33 g Fett
19 g Eiweiß

1 Würfeln Sie die Eier und halbieren Sie die Tomaten.

2 Schneiden Sie die Avocado in der Mitte durch, entfernen Sie den Kern und höhlen Sie das Fruchtfleisch aus.

3 Vermengen Sie alle Zutaten miteinander.

FRÜHLINGSSALAT

2 Port.

10 Min.

Leicht

Zutaten

500 g Spargel (grün)
200 g Hüttenkäse (3,9 % Fett)
120 g Radieschen
30 ml Olivenöl
15 ml Zitronensaft
1 TL Senf
1 TL Salz

Nährwerte p. P.

304 kcal
10 g Kohlenhydrate
20 g Fett
18 g Eiweiß

1 Trennen Sie die Enden des Spargels ab und schälen Sie ihn. Kochen Sie Wasser auf und geben Sie den Spargel für etwa 2 Minuten hinein. Lassen Sie ihn danach abkühlen.

2 Pressen Sie die Zitrone aus und verrühren Sie den Saft mit dem Öl und dem Senf. Rühren Sie anschließend den Hüttenkäse unter.

3 Putzen Sie die Radieschen, trennen Sie die Enden ab und schneiden Sie sie in Scheiben.

4 Vermengen Sie alle Zutaten miteinander.

CHICORÉESALAT

4 Port.

45 Min.

Mittel

Zutaten

400 g Hüttenkäse (3,9 % Fett)
200 g Kohlrabi
100 g Glasnudeln
100 g Salatspinat
3 Chicorée
1 Pomelo
1 Avocado
6 EL Olivenöl
3 EL Buttermilch
1 EL Sesam

Nährwerte p. P.

470 kcal
37 g Kohlenhydrate
26 g Fett
15 g Eiweiß

1 Übergießen Sie die Glasnudeln mit heißem Wasser und lassen Sie sie ca. 10 Minuten lang ziehen.

2 Hobeln Sie in der Zwischenzeit den Kohlrabi fein und trennen Sie die Chicoréeblätter vom Stumpf.

3 Halbieren Sie die Avocado, entfernen Sie den Kern und lösen Sie das Fruchtfleisch heraus. Schneiden Sie es in Scheiben. Schneiden Sie die Pomelo auf und trennen Sie ca. 200 g Pomelofilet heraus.

4 Geben Sie den Hüttenkäse in ein Sieb und spülen Sie ihn mit kaltem Wasser ab. Lassen Sie ihn dann abtropfen.

5 Zerdrücken Sie 50 g Pomelo und vermengen Sie sie mit dem Öl und der Buttermilch und dem Sesam. Waschen Sie den Spinat.

6 Vermengen Sie alle Zutaten in einer großen Schüssel und geben Sie das Dressing darüber.

HÜTTENKÄSE-SCHINKEN-SALAT

2 Port.

10 Min.

Leicht

Zutaten

200 g Hüttenkäse (3,9 % Fett)
2 Scheiben Kochschinken
3 Gewürzgurken
1 TL Petersilie (gehackt)
½ TL Senf
Salz & Pfeffer

Nährwerte p. P.

210 kcal
4 g Kohlenhydrate
7 g Fett
33 g Eiweiß

1 Schneiden Sie den Kochschinken und die Gewürzgurken in Würfel.

2 Verrühren Sie den Hüttenkäse mit dem Senf und schmecken Sie die Mischung mit Pfeffer und Salz ab.

3 Verrühren Sie alle Zutaten miteinander.

NUDELSALAT

4 Port.

25 Min.

Leicht

Zutaten

500 g grüne Bohnen
400 g Hüttenkäse (3,9 % Fett)
250 g Nudeln
1 Baby-Romanasalat
1 Knoblauchzehe
4 EL Olivenöl
Salz & Pfeffer

Nährwerte p. P.

442 kcal
53 g Kohlenhydrate
14 g Fett
21 g Eiweiß

1 Putzen Sie die Bohnen und schneiden Sie die Enden ab. Schälen und zerhacken Sie den Knoblauch.

2 Kochen Sie ausreichend Salzwasser auf und geben Sie den Knoblauch dazu. Garen Sie die Bohnen etwa 8 Minuten lang darin. Schrecken Sie die Bohnen danach ab und lassen Sie sie abtropfen.

3 Geben Sie die Nudeln in das Wasser, in dem Sie zuvor die Bohnen gekocht haben, und garen Sie sie ebenfalls ca. 8 Minuten lang.

4 Zupfen Sie den Salat auseinander und waschen Sie ihn.

5 Verrühren Sie das Olivenöl mit dem Hüttenkäse und würzen Sie die Mischung mit Pfeffer und Salz.

6 Gießen Sie die Nudeln ab und vermengen Sie alle Zutaten miteinander.

HÜTTENKÄSE-ROTE-BETE-SALAT

2 Port.

15 Min.

Leicht

Zutaten

200 g Hüttenkäse (3,9 % Fett)
200 g Rote Bete (vorgegart)
5 EL Zitronensaft
2 EL weißer Balsamico
2 Stängel Schnittlauch
3 Handvoll Salat-Mix

Nährwerte p. P.

152 kcal
12 g Kohlenhydrate
5 g Fett
14 g Eiweiß

1 Schneiden Sie die Rote Bete klein und zerhacken Sie den Schnittlauch. Vermengen Sie die Rote Bete und den Schnittlauch mit dem Salat-Mix.

2 Verrühren Sie den Hüttenkäse mit dem Balsamico und dem Zitronensaft. Vermengen Sie den Salat mit dem Hüttenkäse.

Suppen

QUINOA-TOMATEN-SUPPE

4 Port.

30 Min.

Leicht

Zutaten

400 g Hüttenkäse (3,9 % Fett)
400 g Tomatenpassata
150 g Quinoa
3 Zweige Rosmarin
2 Knoblauchzehen
1 L Gemüsebrühe
4 EL Sojasoße

Nährwerte p. P.

393 kcal
33 g Kohlenhydrate
20 g Fett
18 g Eiweiß

1 Weichen Sie die Quinoa einige Minuten lang in kaltem Wasser ein und gießen Sie sie dann ab.

2 Schälen und zerhacken Sie den Knoblauch. Waschen Sie den Rosmarin und zupfen Sie die Nadeln ab.

3 Vermengen Sie den Knoblauch und den Rosmarin mit der Gemüsebrühe und der Sojasoße. Kochen Sie die Mischung kurz auf.

4 Rühren Sie die Tomatenpassata und den Hüttenkäse unter. Geben Sie zum Schluss auch die Quinoa hinzu.

SELLERIESUPPE

4 Port.

50 Min.

Leicht

Zutaten

200 g Hüttenkäse (3,9 % Fett)
200 g Knollensellerie
200 g Randen
800 ml Gemüsebrühe
100 ml Vollrahm

Nährwerte p. P.

231 kcal
10 g Kohlenhydrate
17 g Fett
9 g Eiweiß

1 Zerkleinern Sie das Gemüse und dünsten Sie es in einer Pfanne mit etwas Öl an.

2 Löschen Sie mit der Gemüsebrühe ab und garen Sie das Gemüse, bis es weich ist. Pürieren Sie es anschließend.

3 Rühren Sie den Hüttenkäse und den Vollrahm unter.

GEEISTE PAPRIKASUPPE

2 Port.

20 Min.

Leicht

Zutaten

400 ml Gemüsebrühe
200 g Hüttenkäse (3,9 % Fett)
10 Grissini
3 Paprika
2 EL Mayonnaise
2 EL Essig
6 EL Crème fraîche

Nährwerte p. P.

226 kcal
22 g Kohlenhydrate
12 g Fett
7 g Eiweiß

1 Zerbrechen Sie die Grissini in kleine Stücke. Waschen und entkernen Sie die Paprika, bevor Sie sie in kleine Würfel schneiden.

2 Kochen Sie die Gemüsebrühe auf und geben Sie die Paprika dazu. Rühren Sie nach etwa 10 Minuten die Mayonnaise, den Essig, die Grissini, die Crème fraîche sowie den Hüttenkäse unter. Pürieren Sie alle Zutaten.

3 Decken Sie die Suppe mit Frischhaltefolie ab und stellen Sie sie mindestens 5 Stunden kalt.

GERSTENSUPPE

4 Port.

30 Min.

Leicht

Zutaten

1 L Gemüsebrühe
200 ml Milch (1,5 % Fett)
200 g Hüttenkäse (3,9 % Fett)
20 g Butter
1 Karotte
7 EL Rollgerste
Kräutersalz & Pfeffer

Nährwerte p. P.

223 kcal
35 g Kohlenhydrate
3 g Fett
11 g Eiweiß

1 Schälen Sie die Karotte und schneiden Sie sie in möglichst kleine Stückchen.

2 Bringen Sie die Butter in einer Pfanne zum Schmelzen und schwitzen Sie die Karotte kurz darin an. Geben Sie dann die Gerste dazu und dünsten Sie sie an.

3 Löschen Sie mit der Gemüsebrühe ab und lassen Sie alles ca. 25 Minuten köcheln.

4 Rühren Sie die Milch und den Hüttenkäse unter und schmecken Sie die Suppe mit Kräutersalz und Pfeffer ab.

KARTOFFELSUPPE

2 Port.

30 Min.

Leicht

Zutaten

400 ml Gemüsebrühe
300 g Kartoffeln
100 g Hüttenkäse (3,9 % Fett)
2 Karotten
Salz & Pfeffer

Nährwerte p. P.

223 kcal
35 g Kohlenhydrate
3 g Fett
11 g Eiweiß

1 Schälen Sie die Kartoffeln und schneiden Sie sie in Würfel. Schälen Sie die Karotten ebenfalls und schneiden Sie sie in Scheiben.

2 Erhitzen Sie die Gemüsebrühe in einem Topf und garen Sie das Gemüse etwa 15 Minuten lang darin. Pürieren Sie die Zutaten im Topf.

3 Heben Sie den Hüttenkäse unter und schmecken Sie die Suppe mit etwas Salz und Pfeffer ab.

KRÄUTERSUPPE

4 Port.

35 Min.

Leicht

Zutaten

750 ml Gemüsebrühe
200 g Brokkoli
100 g gemischte Kräuter
100 g Kartoffeln
100 ml Schlagsahne (30 % Fett)
4 EL Hüttenkäse (3,9 % Fett)
1 Schalotte
1 EL Butter

Nährwerte p. P.

201 kcal
9 g Kohlenhydrate
15 g Fett
8 g Eiweiß

1 Waschen Sie die Kräuter und die Kartoffeln. Schneiden Sie die Kartoffeln, die Schalotte und den Brokkoli klein.

2 Lassen Sie die Butter in einer Pfanne schmelzen und dünsten Sie die Schalotte darin an.

3 Geben Sie die Kartoffeln und den Brokkoli dazu und lassen Sie beides kurz mit anrösten. Löschen Sie dann mit der Gemüsebrühe ab und köcheln Sie alles etwa 20 Minuten lang.

4 Geben Sie die Kräuter dazu und pürieren Sie alles. Rühren Sie anschließend die Sahne und den Hüttenkäse unter.

Aufstriche & Dips

HÜTTENKÄSE-DILL-AUFSTRICH

4 Port.

5 Min.

Leicht

Zutaten

400 g Hüttenkäse (3,9 % Fett)
100 g Crème fraîche
1 Knoblauchzehe
20 g Dill
6 Radieschen

Nährwerte p. P.

182 kcal
5 g Kohlenhydrate
12 g Fett
13 g Eiweiß

1 Schälen Sie den Knoblauch und zerhacken Sie ihn gemeinsam mit dem Dill. Zerreiben Sie die Radieschen.

2 Verrühren Sie alle Zutaten miteinander.

3 Bewahren Sie den Aufstrich im Kühlschrank auf.

HÜTTENKÄSE-BIRNEN-BROT

2 Port.

5 Min.

Leicht

Zutaten

2 Scheiben Brot
50 g Hüttenkäse (3,9 % Fett)
1 Birne
1 TL Honig

Nährwerte p. P.

187 kcal
34 g Kohlenhydrate
2 g Fett
6 g Eiweiß

1 Geben Sie das Brot für 1 - 2 Minuten in den Toaster.

2 Bestreichen Sie das noch warme Brot mit dem Hüttenkäse.

3 Waschen Sie die Birne und schneiden Sie sie in Scheiben. Legen Sie diese auf die Brotscheiben.

4 Verteilen Sie den Honig auf den Broten.

FEIGENAUFSTRICH

4 Port.

15 Min.

Leicht

Zutaten

250 g Hüttenkäse (3,9 % Fett)
8 schwarze Oliven
8 getrocknete Feigen
2 EL Ahornsirup

Nährwerte p. P.

290 kcal
47 g Kohlenhydrate
4 g Fett
11 g Eiweiß

1 Entsteinen und zerhacken Sie die Oliven. Würfeln Sie die Feigen.

2 Vermengen Sie alle Zutaten miteinander.

3 Bewahren Sie den Aufstrich im Kühlschrank auf.

GUACAMOLE

4 Port.

10 Min.

Leicht

Zutaten

200 g Hüttenkäse (3,9 % Fett)
2 Avocados
1 Limette
Je 1 Pr Salz & Pfeffer
1 Pr brauner Zucker

Nährwerte p. P.

289 kcal
2 g Kohlenhydrate
26 g Fett
8 g Eiweiß

1 Halbieren Sie die Avocados, entfernen Sie den Kern und höhlen Sie das Fruchtfleisch aus.

2 Zerdrücken Sie das Fruchtfleisch und vermengen Sie es mit dem Hüttenkäse.

3 Pressen Sie die Limette aus und rühren Sie den Saft unter.

4 Schmecken Sie die Guacamole mit Pfeffer, Salz und braunem Zucker ab.

HÜTTENKÄSE-AJVAR

4 Port.

10 Min.

Leicht

Zutaten

400 g Hüttenkäse (3,9 % Fett)
4 EL Petersilie
3 EL Ajvar
Salz & Pfeffer

Nährwerte p. P.

40 kcal
7 g Kohlenhydrate
1 g Fett
7 g Eiweiß

1 Verrühren Sie alle Zutaten miteinander und schmecken Sie sie mit Pfeffer und Salz ab.

ERBSEN-AUFSTRICH

4 Port.

5 Min.

Leicht

Zutaten

150 g Erbsen
100 g Hüttenkäse (3,9 % Fett)
1 Knoblauchzehe
1 TL Olivenöl
Salz & Pfeffer

Nährwerte p. P.

270 kcal
41 g Kohlenhydrate
4 g Fett
11 g Eiweiß

1 Schälen Sie den Knoblauch. Geben Sie alle Zutaten in einen Mixer oder pürieren Sie sie mit einem Pürierstab.

2 Schmecken Sie den Aufstrich mit Pfeffer und Salz ab.

PESTO

4 Port.

20 Min.

Leicht

Zutaten

400 g Hüttenkäse (3,9 % Fett)
30 g Basilikum
30 g Rucola
1 Chilischote
1 Zitrone
3 EL Quark (20 % Fett)
1 EL Zucker

Nährwerte p. P.

132 kcal
6 g Kohlenhydrate
5 g Fett
15 g Eiweiß

1 Waschen und zerhacken Sie den Rucola und das Basilikum. Zerhacken Sie die Chili. Pressen Sie den Saft aus der Zitrone.

2 Geben Sie alle Zutaten, abgesehen von dem Hüttenkäse, in einen Mixer oder pürieren Sie sie mit einem Pürierstab.

3 Heben Sie den Hüttenkäse unter.

HÜTTENKÄSE-MANDEL-AUFSTRICH

2 Port.

5 Min.

Leicht

Zutaten

200 g Hüttenkäse (3,9 % Fett)
3 EL Mandelmus
1 TL Honig

Nährwerte p. P.

125 kcal
6 g Kohlenhydrate
5 g Fett
13 g Eiweiß

1 Verrühren Sie alle Zutaten miteinander.

2 Bewahren Sie den Aufstrich im Kühlschrank auf.

HÜTTENKÄSE-FRÜHLINGSZWIEBEL-AUFSTRICH

2 Port.

5 Min.

Leicht

Zutaten

200 g Hüttenkäse (3,9 % Fett)
1 Frühlingszwiebel
Je 1 Pr Salz & Pfeffer
1 Karotte

Nährwerte p. P.

115 kcal
5 g Kohlenhydrate
5 g Fett
13 g Eiweiß

1 Waschen Sie die Karotte und die Frühlingszwiebel und schneiden Sie beides in möglichst kleine Stücke.

2 Verrühren Sie alle Zutaten miteinander.

HÜTTENKÄSE-BANANEN-AUFSTRICH

 4 Port.  10 Min.  Leicht

Zutaten

400 g Hüttenkäse (3,9 % Fett)
1 Banane
2 TL Honig
2 Stiele Zitronenmelisse

Nährwerte p. P.

570 kcal
41 g Kohlenhydrate
19 g Fett
55 g Eiweiß

1 Waschen Sie die Melisse und hacken Sie die Blätter klein.

2 Verrühren Sie den Hüttenkäse mit dem Honig und der Zitronenmelisse.

3 Schälen und pürieren Sie die Banane. Heben Sie sie anschließend unter die restlichen Zutaten.

Hauptspeisen mit Fleisch

GEBACKENER SPARGEL MIT SCHINKEN

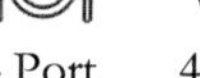
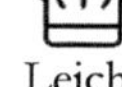

4 Port. 45 Min. Leicht

Zutaten

800 g Spargel
400 g Kochschinken
300 g Hüttenkäse (0,8 % Fett)
100 g geriebener Käse
2 Eier
1 Porree

Nährwerte p. P.

294 kcal
6 g Kohlenhydrate
13 g Fett
31 g Eiweiß

1 Schälen und vierteln Sie den Spargel. Waschen Sie den Porree und schneiden Sie ihn in Streifen.

2 Heizen Sie Ihren Backofen auf 180 °C Umluft vor.

3 Vermengen Sie die Eier mit dem Hüttenkäse. Vermengen Sie alle Zutaten in einer Auflaufform und geben Sie zum Schluss den Käse darüber.

4 Überbacken Sie den Spargel ca. 30 Minuten lang.

HÄHNCHEN-WRAPS

2 Port.

20 Min.

Leicht

Zutaten

2 Wraps
200 g Hüttenkäse (3,9 % Fett)
200 g Hähnchenbrust
2 Eier (gekocht)

Nährwerte p. P.

485 kcal
38 g Kohlenhydrate
16 g Fett
46 g Eiweiß

1 Braten Sie das Fleisch, bis es ganz durch ist, und schneiden Sie es anschließend gemeinsam mit dem Ei klein.

2 Legen Sie die Wraps aus und bestreichen Sie sie mit dem Hüttenkäse.

3 Verteilen Sie die Zutaten auf den Wraps und rollen Sie sie zusammen.

Tipp: Auf Wunsch können Sie zusätzlich Salat oder Gemüse auf die Wraps geben.

TIROLER SCHICHTNUDELN

4 Port.

30 Min.

Leicht

Zutaten

500 ml Milch (1,5 % Fett)
400 g Bandnudeln
200 g geriebener Käse
200 g Schinkenwürfel
150 g Gorgonzola
125 ml Schlagsahne (30 % Fett)
100 g Hüttenkäse (3,9 % Fett)

Nährwerte p. P.

445 kcal
36 g Kohlenhydrate
24 g Fett
21 g Eiweiß

1 Garen Sie die Bandnudeln ca. 5 Minuten lang in kochendem Salzwasser, bis sie gar, aber noch leicht bissfest sind.

2 Erhitzen Sie die Milch gemeinsam mit der Sahne und rühren Sie den Hüttenkäse sowie den Gorgonzola und den geriebenen Käse unter.

3 Verrühren Sie die Nudeln mit der Soße. Geben Sie die Nudeln in eine Auflaufform und überbacken Sie sie ca. 20 Minuten an.

4 Schälen und würfeln Sie die Zwiebeln und braten Sie sie gemeinsam mit den Schinkenwürfeln in einer Pfanne mit etwas Öl an.

5 Verrühren Sie alle Zutaten miteinander.

FLAMMKUCHEN

4 Port.

50 Min.

Leicht

Zutaten

200 g Crème fraîche
200 g Hüttenkäse (3,9 % Fett)
200 g geriebener Käse
125 g Schinkenwürfel
30 g Mandeln (gemahlen)
4 Frühlingszwiebeln
3 Eier

Nährwerte p. P.

501 kcal
6 g Kohlenhydrate
33 g Fett
30 g Eiweiß

1 Verrühren Sie den Hüttenkäse mit dem geriebenen Käse, den Mandeln und den Eiern.

2 Verteilen Sie die in Schritt 1 entstandene Masse flach auf einem Backblech und backen Sie sie im vorgeheizten Backofen bei 180 °C Ober-/Unterhitze etwa 20 Minuten lang.

3 Verteilen Sie die Crème fraîche und die Schinkenwürfel auf dem frisch gebackenen Boden.

4 Waschen und zerkleinern Sie die Frühlingszwiebeln und geben Sie sie ebenfalls auf den Flammkuchen.

5 Backen Sie den Flammkuchen für weitere 10 Minuten.

KARTOFFELPUFFER

4 Port.

55 Min.

Mittel

Zutaten

6 Kartoffeln
2 Eier
1 Zwiebel
150 g Hüttenkäse (3,9 % Fett)
100 g Schinkenwürfel
Salz & Pfeffer

Nährwerte p. P.

426 kcal
30 g Kohlenhydrate
24 g Fett
26 g Eiweiß

1 Heizen Sie Ihren Backofen auf 200 °C Ober-/Unterhitze vor.

2 Schälen und zerreiben Sie die Kartoffeln. Schälen und würfeln Sie die Zwiebel und geben Sie sie zu den Kartoffeln.

3 Rühren Sie auch den Hüttenkäse, die Schinkenwürfel und die Eier unter.

4 Schmecken Sie die Masse mit Pfeffer und Salz ab.

5 Formen Sie aus der Masse mehrere gleich große Taler und backen Sie diese für ca. 25 Minuten, bis sie braun werden.

GYROSTASCHEN

4 Port.

30 Min.

Leicht

Zutaten

300 g Gyros
250 g Hüttenkäse (3,9 % Fett)
50 g Peperoni
50 g Krautsalat
4 Pitabrote
1 EL Öl

Nährwerte p. P.

307 kcal
49 g Kohlenhydrate
18 g Fett
16 g Eiweiß

1 Braten Sie das Gyros in einer Pfanne mit etwas Öl, bis es komplett durch ist. Schneiden Sie die Peperoni klein.

2 Toasten Sie die Pitabrote kurz im Toaster auf.

3 Befüllen Sie die Pitabrote mit den anderen Zutaten.

BLUMENKOHL-HACKFLEISCH-AUFLAUF

4 Port.

25 Min.

Leicht

Zutaten

500 g Hackfleisch
200 g Hüttenkäse (3,6 % Fett)
100 g Schmand
100 g geriebener Käse
1 Zwiebel
½ Blumenkohl
1 Knoblauchzehe
1 EL Tomatenmark
1 EL Öl

Nährwerte p. P.

330 kcal
17 g Kohlenhydrate
20 g Fett
19 g Eiweiß

1 Teilen Sie den Blumenkohl in Röschen und garen Sie ihn in kochendem Salzwasser, bis er gar, aber noch bissfest ist.

2 Braten Sie das Hackfleisch in einer Pfanne mit etwas Öl an, bis es braun wird.

3 Schälen und zerhacken Sie die Zwiebel und den Knoblauch und geben Sie beides zum Hackfleisch. Rühren Sie auch das Tomatenmark unter.

4 Vermengen Sie das Hackfleisch mit dem Blumenkohl, dem Schmand und dem Hüttenkäse.

5 Geben Sie die Masse in eine Auflaufform und streuen Sie den Käse darüber.

6 Überbacken Sie den Auflauf im vorgeheizten Backofen bei 200 °C Ober-/Unterhitze etwa 20 Minuten lang.

ÜBERBACKENE PUTENBRUST

4 Port.

1 Std.

Leicht

Zutaten

4 Scheiben Putenbrust
400 g Hüttenkäse (3,9 % Fett)
200 ml Sahne (30 % Fett)
2 Knoblauchzehen
Salz
1 EL Öl

Nährwerte p. P.

429 kcal
57 g Kohlenhydrate
6 g Fett
16 g Eiweiß

1 Braten Sie das Fleisch in einer Pfanne mit etwas Öl von beiden Seiten scharf an.

2 Verrühren Sie den Hüttenkäse mit der Sahne. Schälen und zerhacken Sie den Knoblauch und rühren Sie ihn unter die Soße. Würzen Sie mit Salz.

3 Geben Sie die Putenbrust in eine Auflaufform und verteilen Sie die Soße darüber.

4 Überbacken Sie die Putenschnitzel im vorgeheizten Backofen bei 225 °C Ober- /Unterhitze ca. 50 Minuten lang.

MEXICAN-BOWL

4 Port.

50 Min.

Leicht

Zutaten

400 g Hackfleisch
250 g Hüttenkäse (3,9 % Fett)
1 Dose Mais
8 Peperoni
2 Tomaten
100 g Kidneybohnen
1 Zwiebel

Nährwerte p. P.

828 kcal
31 g Kohlenhydrate
47 g Fett
62 g Eiweiß

1 Braten Sie das Hackfleisch, bis es komplett durch ist.

2 Schälen und würfeln Sie die Zwiebel und schwitzen Sie sie in einer Pfanne mit etwas Öl an, bis sie glasig wird. Waschen und würfeln Sie die Tomaten.

3 Vermengen Sie den Hüttenkäse mit dem Mais, den Kidneybohnen und den Tomaten. Zerhacken Sie die Peperoni und geben Sie sie dazu.

4 Richten Sie alle Zutaten in einer Schüssel an.

FRIKADELLEN

 4 Port.
 15 Min.
 Leicht

Zutaten

500 g Hackfleisch
200 g Hüttenkäse (3,9 % Fett)
1 Ei
1 Zwiebel
1 TL Paprikapulver
1 TL Petersilie
1 Pr Salz
Öl

Nährwerte p. P.

393 kcal
4 g Kohlenhydrate
27 g Fett
32 g Eiweiß

1 Schälen und zerhacken Sie die Zwiebel. Vermengen Sie die Zwiebel mit den restlichen Zutaten.

2 Formen Sie die Masse zu gleichmäßigen Klößen und braten Sie diese in einer Pfanne mit Öl an.

LASAGNE

4 Port. 1 Std. Leicht

Zutaten

500 g Hackfleisch
500 g passierte Tomaten
300 g Frischkäse mit Kräutern
250 g Hüttenkäse (3,9 % Fett)
150 g geriebener Käse
1 Knoblauchzehe
1 Zwiebel
3 EL Milch (1,5 % Fett)
8 Lasagneblätter
1 EL Öl

Nährwerte p. P.

621 kcal
45 g Kohlenhydrate
28 g Fett
47 g Eiweiß

1 Braten Sie das Fleisch in einer Pfanne mit etwas Öl an, bis es komplett durch ist.

2 Schälen und zerhacken Sie den Knoblauch und die Zwiebel. Schwitzen Sie beides zusammen in einer separaten Pfanne an, bis die Zwiebel glasig wird.

3 Verrühren Sie die passierten Tomaten mit dem Frischkäse und dem Hüttenkäse. Rühren Sie auch die Milch unter.

4 Stapeln Sie alle Zutaten in einer Auflaufform und geben Sie den geriebenen Käse darüber.

5 Backen Sie die Lasagne im vorgeheizten Backofen bei 200 °C Umluft ca. 40 Minuten lang.

Hauptspeisen mit Fisch

MINI-THUNFISCH-PIZZA

4 Port.

40 Min.

Leicht

Zutaten

300 g Hüttenkäse (3,9 % Fett)
100 g Dinkelmehl
150 g Thunfisch
50 g gehackte Mandeln
1 Knoblauchzehe
200 g passierte Tomaten
2 rote Zwiebeln
50 g geriebener Käse

Nährwerte p. P.

763 kcal
53 g Kohlenhydrate
36 g Fett
54 g Eiweiß

1 Verrühren Sie den Hüttenkäse mit dem Mehl und den Mandeln.

2 Schälen Sie den Knoblauch und die Zwiebeln. Zerhacken Sie den Knoblauch und schneiden Sie die Zwiebeln in Scheiben. Verrühren Sie den Knoblauch mit den passierten Tomaten.

3 Formen Sie gleich große Minipizzen aus dem Teig und bestreichen Sie diese mit den passierten Tomaten.

4 Backen Sie die Pizzen im vorgeheizten Backofen bei 200 °C Umluft etwa 15 Minuten lang. Belegen Sie sie dann mit den verbliebenen Zutaten und backen Sie sie für weitere 5 Minuten.

THUNFISCH-MUFFINS

2 Port.

1 Std.

Mittel

Zutaten

200 g Hüttenkäse (3,9 % Fett)
2 Eier
150 g Thunfisch
½ Zwiebel
50 g geriebener Käse

Nährwerte p. P.

935 kcal
9 g Kohlenhydrate
68 g Fett
70 g Eiweiß

1 Heizen Sie Ihren Backofen auf 180 °C Ober-/Unterhitze vor.

2 Schälen und zerkleinern Sie die Zwiebel. Vermengen Sie alle Zutaten miteinander und würzen Sie die Masse mit Gewürzen Ihrer Wahl.

3 Verteilen Sie die Masse auf Muffinförmchen. Backen Sie die Muffins etwa 45 Minuten lang.

RÄUCHERLACHS-TERRINE

4 Port.

45 Min.

Mittel

Zutaten

500 g Räucherlachs (Scheiben)
400 g Hüttenkäse (3,9 % Fett)
250 g Frischkäse
200 ml Schlagsahne (30 % Fett)
8 Blätter Gelatine
Salz & Pfeffer
Zitronensaft

Nährwerte p. P.

752 kcal
12 g Kohlenhydrate
55 g Fett
52 g Eiweiß

1 Nehmen Sie eine Kastenform und legen Sie sie mit Frischhaltefolie aus. Verteilen Sie dann einen Teil des Lachses auf dem Boden, bis er vollständig bedeckt ist.

2 Weichen Sie die Gelatine in kaltem Wasser ein. Würfeln Sie 100 g Lachs und rühren Sie diesen unter den Frischkäse. Heben Sie dann auch den Hüttenkäse unter.

3 Erwärmen Sie die Gelatine und verrühren Sie sie mit der Mischung aus Schritt 3.

4 Schlagen Sie die Sahne steif und heben Sie sie ebenfalls unter. Schmecken Sie die Mischung mit Pfeffer, Salz und Zitronensaft ab.

5 Füllen Sie die Masse in die Kastenform und verteilen Sie den restlichen Lachs darauf. Decken Sie alles mit Frischhaltefolie zu und stellen Sie es für mindestens 3 Stunden in den Kühlschrank.

THUNFISCHBRÖTCHEN

 4 Port.

 15 Min.

 Leicht

Zutaten

1 Dose Thunfisch
100 g geriebener Käse
75 g Hüttenkäse (3,9 % Fett)
75 g Staudensellerie
75 g Mayonnaise
1 EL Zitronensaft
4 Brötchen
1 EL Öl

Nährwerte p. P.

495 kcal
31 g Kohlenhydrate
29 g Fett
25 g Eiweiß

1 Schneiden Sie die Brötchen auf und zerkleinern Sie den Sellerie.

2 Heizen Sie Ihren Backofen auf 180 °C Oberhitze vor (alternativ 150 °C Ober- /Unterhitze).

3 Dünsten Sie den Sellerie in einer Pfanne mit etwas Öl an, bis er weich wird.

4 Geben Sie den Thunfisch sowie den Hüttenkäse, den Zitronensaft und die Mayonnaise mit in die Pfanne und erhitzen Sie alles zusammen kurz.

5 Verteilen Sie die Mischung aus Schritt 4 auf den Brötchen und streuen Sie den Käse darüber.

6 Überbacken Sie die Brötchen ca. 5 Minuten lang.

SHRIMPS AUF HÜTTENKÄSE

2 Port.

15 Min.

Leicht

Zutaten

400 g Shrimps
200 g Salatgurke
200 g Hüttenkäse (3,9 % Fett)
100 g Radieschen
2 Stängel Dill
1 Pr Meersalz & Pfeffer

Nährwerte p. P.

129 kcal
7 g Kohlenhydrate
5 g Fett
13 g Eiweiß

1 Schälen und entdarmen Sie die Shrimps. Geben Sie sie anschließend für 1 – 2 Minuten in kochendes Wasser, bis sie eine rötliche Färbung annehmen.

2 Waschen und würfeln Sie die Gurke und die Radieschen. Zerhacken Sie den Dill.

3 Vermengen Sie alle Zutaten miteinander.

LACHSPASTETE

6 Port.

1,5 Std.

Mittel

Zutaten

500 g Lachsfilet
250 g Shrimps
200 g Hüttenkäse (3,9 % Fett)
100 ml Sahne (20 % Fett)
2 Eier
1 TL Salz
1 TL Pfefferkörner (grün)

Nährwerte p. P.

320 kcal
4 g Kohlenhydrate
18 g Fett
35 g Eiweiß

1 Pürieren Sie das Lachsfilet gemeinsam mit dem Hüttenkäse, der Sahne, den Eiern und den Gewürzen.

2 Geben Sie die Hälfte der Fischmasse in eine Auflaufform und verteilen Sie die Shrimps darauf. Füllen Sie die Auflaufform danach mit der restlichen Fischmasse.

3 Garen Sie die Pastete im vorgeheizten Backofen bei 175 °C Umluft etwa 60 Minuten lang.

THUNFISCH-ERBSEN-AUFLAUF

4 Port.

45 Min.

Leicht

Zutaten

500 g Thunfisch
200 g Hüttenkäse (3,9 % Fett)
200 g saure Sahne (10 % Fett)
150 g Erbsen
100 g geriebener Käse
2 Eier
4 EL Mehl
1 EL Gemüsebrühe

Nährwerte p. P.

1224 kcal
2 g Kohlenhydrate
95 g Fett
68 g Eiweiß

1 Heizen Sie Ihren Backofen auf 180 °C Umluft vor.

2 Zerdrücken Sie den Thunfisch mit einer Gabel. Verrühren Sie den Hüttenkäse mit der sauren Sahne und den Eiern. Heben Sie den Thunfisch und die Erbsen unter.

3 Geben Sie zum Schluss auch das Mehl, die Gemüsebrühe und den geriebenen Käse dazu.

4 Geben Sie den Auflauf in eine Auflaufform und backen Sie sie etwa 40 Minuten lang.

SAHNE-MATJES

4 Port. 35 Min. Mittel

Zutaten

4 Matjesfilets
1 Apfel (sauer)
100 g saure Sahne (10 % Fett)
200 g Hüttenkäse (3,9 % Fett)
2 EL Schnittlauchröllchen
1 EL geriebener Meerrettich

Nährwerte p. P.

580 kcal
49 g Kohlenhydrate
29 g Fett
28 g Eiweiß

1 Verrühren Sie den Hüttenkäse mit der Sahne und dem Meerrettich.

2 Schälen und entkernen Sie den Apfel und zerreiben Sie ihn anschließend. Verrühren Sie den Apfel und den Schnittlauch mit der Masse aus Schritt 1.

3 Geben Sie die Soße über die Matjesfilets.

Vegetarische Hauptspeisen

GEFÜLLTE ZUCCHINI

2 Port.

30 Min.

Leicht

Zutaten

1 Zucchini
1 Paprika
2 Frühlingszwiebeln
200 g Schmand
200 g Hüttenkäse (3,9 % Fett)
Salz & Pfeffer

Nährwerte p. P.

368 kcal
15 g Kohlenhydrate
25 g Fett
18 g Eiweiß

1 Waschen und halbieren Sie die Zucchini. Höhlen Sie sie anschließend aus.

2 Verrühren Sie den Hüttenkäse mit dem Schmand und schmecken Sie die Mischung mit Pfeffer und Salz ab.

3 Waschen Sie die Paprika und die Frühlingszwiebeln und schneiden Sie beides möglichst klein.

4 Verrühren Sie die Hüttenkäsemischung mit dem Gemüse und befüllen Sie die Zucchini damit.

5 Backen Sie die gefüllten Zucchini bei 200 °C Ober-/Unterhitze ca. 20 Minuten lang.

GEFÜLLTE TOMATEN

4 Port.

30 Min.

Leicht

Zutaten

250 g Hüttenkäse (3,9 % Fett)
200 g Quinoa
4 Ochsenherz-Tomaten
½ Lauchzwiebel

Nährwerte p. P.

270 kcal
40 g Kohlenhydrate
4 g Fett
18 g Eiweiß

1 Spülen Sie die Quinoa ab und garen Sie sie so, wie es auf der Packung angegeben ist.

2 Waschen Sie die Tomaten, schneiden Sie einen Deckel ab und höhlen Sie sie aus. Waschen Sie die Lauchzwiebel und schneiden Sie sie in kleine Ringe.

3 Verrühren Sie den Hüttenkäse mit der Quinoa und heben Sie die Lauchzwiebel unter. Befüllen Sie die Tomaten mit der Mischung aus Schritt 4.

4 Backen Sie die gefüllten Tomaten im vorgeheizten Backofen bei 150 °C Umluft ca. 10 Minuten lang.

SPINATKNÖDEL

4 Port.

1 Std.

Mittel

Zutaten

500 g Blattspinat
250 g Knödelbrot
100 g Hüttenkäse (3,9 % Fett)
50 g Butter
50 ml Milch (1,5 % Fett)
3 Eier
1 Zwiebel
1 Knoblauchzehe

Nährwerte p. P.

490 kcal
53 g Kohlenhydrate
20 g Fett
24 g Eiweiß

1 Waschen Sie den Salat. Schälen und zerhacken Sie die Zwiebel und den Knoblauch.

2 Bringen Sie die Butter in einer Pfanne zum Schmelzen und schwitzen Sie die Zwiebel und den Knoblauch darin an, bis die Zwiebeln glasig werden.

3 Geben Sie den Spinat und die Milch mit in die Pfanne und lassen Sie alles einige Minuten köcheln.

4 Übergießen Sie das Brot mit den Zutaten aus der Pfanne und lassen Sie alles abkühlen.

5 Vermengen Sie die Eier mit dem Hüttenkäse. Verkneten Sie alle Zutaten zu einer festen Masse und formen Sie diese zu kleinen Knödeln.

6 Bringen Sie in einem Topf ausreichend Wasser zum Kochen und garen Sie die Knödel darin etwa 10 Minuten.

FETA-TOMATEN-AUFLAUF

4 Port.

1 Std. 20 Min.

Leicht

Zutaten

250 g Feta-Käse
250 g Cherrytomaten
200 g Hüttenkäse (3,9 % Fett)
75 g Oliven
2 Zucchini
1 Aubergine
2 Knoblauchzehen
1 rote Zwiebel
6 Eier
Salz, Pfeffer

Nährwerte p. P.

502 kcal
14 g Kohlenhydrate
36 g Fett
31 g Eiweiß

1 Waschen Sie die Aubergine, die Tomaten und die Zucchini. Schneiden Sie die Zucchini und die Aubergine in Scheiben und halbieren Sie die Tomaten.

2 Schälen und zerhacken Sie die Zwiebel sowie den Knoblauch. Braten Sie beides in einer Pfanne mit etwas Öl an, bis die Zwiebel glasig wird.

3 Heizen Sie den Backofen auf 180 °C Ober-/Unterhitze vor.

4 Verteilen Sie die Zucchini, die Aubergine und die Tomaten in einer Auflaufform und geben Sie auch die Oliven dazu.

5 Verquirlen Sie die Eier und geben Sie die Zwiebel und den Knoblauch dazu. Bröseln Sie nach und nach den Feta hinein und heben Sie den Hüttenkäse unter. Würzen Sie mit Pfeffer und Salz.

6 Verteilen Sie die Masse aus Schritt 5 über den anderen Zutaten.

7 Backen Sie den Auflauf 20 Minuten lang. Decken Sie ihn dann mit Alufolie ab und backen Sie ihn weitere 25 Minuten.

BLUMENKOHL-CHAMPIGNON-GRATIN

4 Port.

40 Min.

Leicht

Zutaten

400 g Champignons
1 Blumenkohl
150 g Hüttenkäse (3,9 % Fett)
100 ml Milch (1,5 % Fett)
3 Eier
30 g Parmesan
2 EL Olivenöl

Nährwerte p. P.

375 kcal
12 g Kohlenhydrate
20 g Fett
33 g Eiweiß

1 Entfernen Sie die Blätter des Blumenkohls, waschen Sie ihn und teilen Sie ihn in kleine Röschen. Putzen und vierteln Sie die Champignons.

2 Geben Sie den Blumenkohl gemeinsam mit den Champignons und dem Olivenöl in eine Auflaufform und garen Sie alles im vorgeheizten Backofen bei 200 °C Umluft etwa 15 Minuten lang.

3 Verrühren Sie die Eier mit dem Hüttenkäse und der Milch. Geben Sie die Soße über das gegarte Gemüse und verteilen Sie den Parmesan darauf.

4 Überbacken Sie den Auflauf weitere 15 Minuten lang.

PLINSEN

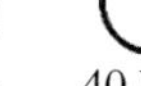

4 Port. 40 Min. Mittel

Zutaten

400 g Hüttenkäse (3,9 % Fett)
150 g Mehl
50 g Butter
2 Eier
40 g Zucker
1 Pr Salz

Nährwerte p. P.

810 kcal
100 g Kohlenhydrate
29 g Fett
25 g Eiweiß

1 Schlagen Sie die Eier gemeinsam mit dem Zucker, der Butter und dem Salz schaumig.

2 Rühren Sie den Hüttenkäse sowie das Mehl unter die Zutaten aus Schritt 1.

3 Teilen Sie den Teig in gleichmäßige Plinsen und braten Sie diese in einer Pfanne von beiden Seiten an, bis sie bräunlich werden.

HAFERFRIKADELLEN

 4 Port.  40 Min.  Mittel

Zutaten

200 g Hüttenkäse (3,9 % Fett)
150 g Haferflocken
200 ml Gemüsefond
50 g Leinsamen (geschrotet)
1 Zwiebel
2 Karotten
Je 1 Pr Salz & Pfeffer
1 EL Petersilie
1 EL Öl

Nährwerte p. P.

158 kcal
16 g Kohlenhydrate
8 g Fett
8 g Eiweiß

1 Vermengen Sie die Haferflocken mit den Leinsamen.

2 Kochen Sie den Gemüsefond auf und geben Sie ihn über die Mischung aus Schritt 1. Warten Sie 15 Minuten, bis die Masse aufgequollen ist.

3 Erwärmen Sie den Hüttenkäse in einer Pfanne und sieben Sie die Molke aus. Den Käsebruch rühren Sie unter die Hafermischung.

4 Schälen Sie die Zwiebel und die Möhre und schneiden Sie beides in möglichst kleine Stücke.

5 Verrühren Sie alle Zutaten miteinander und würzen Sie die Masse mit Pfeffer und Salz. Rühren Sie auch die Petersilie unter.

6 Formen Sie aus der Masse kleine Taler und braten Sie diese in einer Pfanne mit etwas Öl bei mittlerer Hitze von beiden Seiten an, bis sie eine bräunliche Färbung annehmen.

OFENKARTOFFELN

4 Port. 45 Min. Leicht

Zutaten

4 Kartoffeln
250 g Cherrytomaten
200 g Hüttenkäse (3,9 % Fett)
1 Knoblauchzehe
1 EL Olivenöl
Salz & Pfeffer

Nährwerte p. P.

344 kcal
18 g Kohlenhydrate
18 g Fett
26 g Eiweiß

1 Wickeln Sie die Kartoffeln in Alufolie ein und backen Sie sie im vorgeheizten Backofen bei 200 °C Umluft ca. 45 Minuten lang.

2 Schälen und zerhacken Sie den Knoblauch. Waschen und halbieren Sie die Tomaten.

3 Erhitzen Sie das Öl in einer Pfanne und dünsten Sie die Tomaten sowie den Knoblauch darin an.

4 Schneiden Sie die fertigen Ofenkartoffeln in der Mitte ein und befüllen Sie sie mit den anderen Zutaten. Würzen Sie mit Pfeffer und Salz.

SPINATCRÊPES

2 Port.

20 Min.

Leicht

Zutaten

200 g Hüttenkäse (3,9 % Fett)
4 Eier
120 g Spinat (TK)
50 ml Milch (1,5 % Fett)
40 g Haferkleie
2 Knoblauchzehen
Salz & Pfeffer
Öl

Nährwerte p. P.

344 kcal
18 g Kohlenhydrate
18 g Fett
26 g Eiweiß

1 Lassen Sie den Spinat auftauen. Pürieren Sie den Spinat gemeinsam mit der Milch, den Eiern und der Haferkleie. Schmecken Sie die Mischung mit Pfeffer und Salz ab.

2 Schälen und zerhacken Sie den Knoblauch und verrühren Sie ihn mit dem Hüttenkäse sowie etwas Pfeffer und Salz.

3 Erhitzen Sie etwas Öl in der Pfanne und geben Sie jeweils eine Kelle des Spinatteigs hinein. Braten Sie diesen etwa 2 Minuten lang von beiden Seiten an.

4 Verteilen Sie die Hüttenkäsemischung auf den fertigen Crêpes und rollen Sie sie auf.

ZUCCHINI-RÖSTI

4 Port.

40 Min.

Leicht

Zutaten

400 g Hüttenkäse (3,9 % Fett)
100 g kernige Haferflocken
100 g geriebener Käse
2 Eier
1 Zucchini
1 TL Salz

Nährwerte p. P.

111 kcal
6 g Kohlenhydrate
6 g Fett
9 g Eiweiß

1 Heizen Sie Ihren Backofen auf 180 °C Umluft vor.

2 Zerkleinern Sie die Haferflocken mit einem Pürierstab oder in einem Mixer. Waschen Sie die Zucchini und raspeln Sie sie grob. Vermengen Sie alle Zutaten miteinander.

3 Formen Sie die Masse zu gleichmäßigen Talern und backen Sie diese etwa 20 Minuten lang. Wenden Sie die Taler nach 10 Minuten.

Tipp: Die Rösti schmecken auch kalt.

SÜßKARTOFFEL-TOAST

4 Port.

20 Min.

Leicht

Zutaten

2 Avocados
1 Süßkartoffel
4 EL Hüttenkäse (3,9 % Fett)
2 Scheiben Räucherlachs

Nährwerte p. P.

360 kcal
44 g Kohlenhydrate
19 g Fett
8 g Eiweiß

1 Waschen Sie die Süßkartoffel gründlich ab und schneiden Sie sie in acht ungefähr gleich dicke Scheiben.

2 Geben Sie die Süßkartoffelscheiben in einen Toaster und toasten Sie sie auf höchster Stufe jeweils zweimal. Bestreichen Sie vier Scheiben mit Hüttenkäse.

3 Halbieren Sie den Räucherlachs und höhlen Sie das Fruchtfleisch der Avocados aus. Schneiden Sie das Fruchtfleisch in Scheiben.

4 Verteilen Sie den Räucherlachs und die Avocados auf den Toasts.

5 Legen Sie die unbelegte Scheibe Süßkartoffeltoast als Deckel auf den Belag.

FRITTATA

2 Port.

10 Min.

Leicht

Zutaten

100 g Hüttenkäse (3,9 % Fett)
50 g Kochschinken
50 ml Milch (1,5 % Fett)
4 Eier
1 Zwiebel

Nährwerte p. P.

245 kcal
6 g Kohlenhydrate
14 g Fett
23 g Eiweiß

1 Schneiden Sie den Kochschinken sowie die Zwiebel in möglichst kleine Würfel.

2 Verquirlen Sie die Eier mit der Milch. Vermengen Sie alle Zutaten miteinander.

3 Geben Sie die Masse in eine Pfanne und braten Sie die Frittaten, bis sie leicht bräunlich werden.

SPINATKRAPFEN

4 Port.

1 Std. 40 Min.

Mittel

Zutaten

300 g Blattspinat
150 g Ruchmehl
200 g Hüttenkäse (3,9 % Fett)
50 g Magerquark
50 g Butter
1 Ei
2 EL Wasser
1 EL Sonnenblumenkerne
1 TL Salz

Nährwerte p. P.

200 kcal
23 g Kohlenhydrate
8 g Fett
10 g Eiweiß

1 Verrühren Sie das Mehl mit dem Salz. Geben Sie nach und nach die Butter dazu und vermengen Sie alles gut miteinander.

2 Heben Sie das Ei, den Quark und das Wasser unter. Stellen Sie den Teig 30 Minuten lang kühl.

3 Waschen Sie den Spinat und zerhacken Sie ihn anschließend. Vermischen Sie den Spinat mit dem Hüttenkäse.

4 Heizen Sie Ihren Backofen auf 180 °C Ober-/Unterhitze vor.

5 Rollen Sie den Teig aus und teilen Sie ihn in gleichmäßige Quadrate. Verteilen Sie die Käse-Spinatmischung darauf und klappen Sie den Teig dann zusammen. Drücken Sie die Ränder mit einer Gabel ein, damit die Taschen zusammenhalten.

6 Verteilen Sie die Sonnenblumenkerne auf den Krapfen.

7 Backen Sie die Krapfen etwa 25 Minuten an, bis sie leicht bräunlich werden.

GEMÜSELASAGNE

4 Port.

1 Std. 10 Min.

Mittel

Zutaten

300 g Hüttenkäse (3,9 % Fett)
300 g Frischkäse
350 g Zucchini
1 Knoblauchzehe
1 Zwiebel
500 g passierte Tomaten
8 Lasagneplatten
100 g geriebener Käse
Salz & Pfeffer

Nährwerte p. P.

602 kcal
46 g Kohlenhydrate
33 g Fett
30 g Eiweiß

1 Waschen Sie die Zucchini und schneiden Sie sie in dünne Streifen. Schälen und zerhacken Sie die Zwiebel und den Knoblauch.

2 Braten Sie die Zwiebel und den Knoblauch in einer Pfanne mit etwas Öl an und geben Sie 2 EL passierte Tomaten dazu, sobald die Zwiebeln glasig sind.

3 Rühren Sie den Hüttenkäse und den Frischkäse unter. Schmecken Sie die Soße mit Pfeffer und Salz ab.

4 Schichten Sie alle Zutaten abwechselnd in einer Auflaufform übereinander und streuen Sie zum Schluss den Käse über den Auflauf.

5 Überbacken Sie den Auflauf bei 180 °C Umluft ca. 35 Minuten lang.

Fingerfood & Snacks

HÜTTENKÄSETALER

2 Port.

30 Min.

Leicht

Zutaten

200 g Hüttenkäse (3,9 % Fett)
90 g Paprika
50 g geriebener Käse
30 g Weizenmehl
1 Ei
Salz & Pfeffer

Nährwerte p. P.

98 kcal
7 g Kohlenhydrate
4 g Fett
8 g Eiweiß

1 Heizen Sie den Backofen auf 200 °C Umluft vor.

2 Waschen Sie die Paprika und reiben Sie sie klein oder schneiden Sie sie in ganz kleine Würfel.

3 Vermengen Sie alle Zutaten gut miteinander und formen Sie die dabei entstehende Masse zu gleichmäßigen Talern.

4 Backen Sie die Taler 20 Minuten lang, bis sie leicht bräunlich werden.

GEMÜSE-HÜTTENKÄSE

4 Port.

15 Min.

Leicht

Zutaten

600 g Hüttenkäse (3,9 % Fett)
150 g Paprika
50 g Frühlingszwiebel
½ Bund Schnittlauch
1 EL Leinsamen

Nährwerte p. P.

191 kcal
9 g Kohlenhydrate
8 g Fett
20 g Eiweiß

1 Waschen Sie die Paprika, die Frühlingszwiebel und den Schnittlauch.

2 Schneiden Sie die Paprika in mundgerechte Stücke. Zerhacken Sie die Frühlingszwiebel und den Schnittlauch.

3 Verrühren Sie alle Zutaten miteinander.

RUSSISCHE EIER

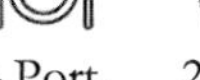

4 Port. 20 Min. Leicht

Zutaten

8 Eier (gekocht)
60 g Garnelen (Crevetten; gekocht)
50 g Hüttenkäse (3,9 % Fett)
1 EL Meerrettichcreme
1 EL Senf
1 Pr Salz

Nährwerte p. P.

162 kcal
2 g Kohlenhydrate
11 g Fett
14 g Eiweiß

1 Halbieren Sie die Eier längs und lösen Sie die Eigelbe heraus.

2 Verrühren Sie den Hüttenkäse mit den Eigelben und würzen Sie die Mischung mit Senf, Salz und Meerrettichcreme.

3 Zerkleinern Sie die Crevetten und vermengen Sie sie mit den anderen Zutaten.

4 Befüllen Sie die Eier mit der Mischung.

SPINAT-SCHIFFCHEN

4 Port.

45 Min.

Mittel

Zutaten

500 g Blattspinat (TK)
400 g Hüttenkäse (3,9 % Fett)
200 g geriebener Käse
2 Packungen Pizzateig
2 Eigelbe
Salz & Pfeffer

Nährwerte p. P.

228 kcal
30 g Kohlenhydrate
10 g Fett
12 g Eiweiß

1 Lassen Sie den Spinat auftauen und schneiden Sie ihn klein.

2 Heizen Sie Ihren Backofen auf 200 °C Umluft vor.

3 Rollen Sie den Pizzateig aus und schneiden Sie ihn in ca. 12 x 12 cm große Quadrate. Rollen Sie die Ränder leicht auf und drücken Sie jeweils zwei Ecken zusammen, sodass alle Schiffchen entstehen.

4 Verrühren Sie den Spinat mit dem Hüttenkäse und den Eigelben. Würzen Sie die Mischung und verteilen Sie sie auf den Schiffchen.

5 Geben Sie den Käse über die Schiffchen.

6 Backen Sie die Schiffchen etwa 14 Minuten lang, bis der Teig goldbraun wird.

PIKANTE MELONE

4 Port.

20 Min.

Leicht

Zutaten

1 Honigmelone
300 g Hüttenkäse (3,9 % Fett)
½ Limette
½ rote Zwiebel
2 EL Traubenkernöl
Salz & Pfeffer

Nährwerte p. P.

180 kcal
17 g Kohlenhydrate
8 g Fett
9 g Eiweiß

1 Vierteln und entkernen Sie die Melone. Schneiden Sie die Schale von der Melone ab und würfeln Sie das Fruchtfleisch.

2 Zerhacken Sie die Zwiebel und pressen Sie die Limette aus.

3 Verrühren Sie alle Zutaten miteinander und schmecken Sie das Gericht mit Pfeffer und Salz ab.

GEFÜLLTE PAPRIKA

2 Port.

10 Min.

Leicht

Zutaten

1 Paprika
6 Stängel Schnittlauch
200 g Hüttenkäse (3,9 % Fett)
100 g Radieschen

Nährwerte p. P.

138 kcal
9 g Kohlenhydrate
5 g Fett
14 g Eiweiß

1 Waschen Sie die Paprika. Halbieren Sie sie anschließend und entfernen Sie die Kerne.

2 Waschen Sie die Radieschen und den Schnittlauch. Würfeln Sie die Radieschen und schneiden Sie den Schnittlauch in Röllchen.

3 Verrühren Sie den Hüttenkäse mit dem Schnittlauch und den Radieschen und befüllen Sie die beiden Paprikahälften mit der Mischung.

ZUCCHINI-SNACK

4 Port.

20 Min.

Leicht

Zutaten

1 Zucchini
400 g Hüttenkäse (3,9 % Fett)
3 getrocknete Tomaten
1 Pr Salz

Nährwerte p. P.

113 kcal
4 g Kohlenhydrate
5 g Fett
14 g Eiweiß

1 Schneiden Sie die Zucchini der Länge nach in dünne Streifen.

2 Braten Sie die Zucchinischeiben in einer Pfanne mit etwas Öl von beiden Seiten kurz an.

3 Zerhacken Sie die Tomaten und vermengen Sie sie mit dem Hüttenkäse und dem Salz.

4 Bestreichen Sie die Zucchinischeiben mit dem Hüttenkäse und rollen Sie sie zusammen.

Tipp: Sollten die Röllchen nicht von allein halten, können Sie mit einem Zahnstocher nachhelfen.

HÜTTENKÄSE-CHAMPIGNONS

2 Port.

30 Min.

Leicht

Zutaten

300 g Champignons
100 g Hüttenkäse (3,9 % Fett)
Gewürze nach Wahl

Nährwerte p. P.

78 kcal
2 g Kohlenhydrate
3 g Fett
9 g Eiweiß

1 Verrühren Sie den Hüttenkäse mit den Gewürzen. Putzen Sie die Pilze und entfernen Sie die Stiele.

2 Füllen Sie den Hüttenkäse löffelweise in die Champignons.

3 Backen Sie die gefüllten Champignons im vorgeheizten Backofen bei 180 °C Umluft etwa 25 Minuten lang.

Desserts

TARTELETTES

4 Port.

1 Std.
10 Min.

Mittel

Zutaten

400 g Rote Bete
150 g Weizenmehl
100 g Hüttenkäse (3,9 % Fett)
100 ml Sahne (30 % Fett)
100 g Crème fraîche
75 g Butter
3 Eier
1 Apfel
2 EL Walnüsse
2 EL Rapsöl

Nährwerte p. P.

670 kcal
35 g Kohlenhydrate
51 g Fett
17 g Eiweiß

1 Verkneten Sie die Butter mit dem Mehl. Wickeln Sie das Ergebnis in Frischhaltefolie ein und stellen Sie es für 20 Minuten in den Kühlschrank.

2 Schälen und zerreiben Sie die Rote Bete. Schwitzen Sie sie anschließend gemeinsam mit dem Rapsöl in einer Pfanne bei mittlerer Hitze an.

3 Zerhacken Sie die Walnüsse und rühren Sie sie gemeinsam mit der Sahne und der Crème fraîche unter die Rote Bete. Lassen Sie die Mischung abkühlen.

4 Waschen und entkernen Sie den Apfel, bevor Sie ihn ebenfalls zerreiben.

5 Schlagen Sie die Eier auf und verrühren Sie sie mit dem Apfel. Heben Sie die Mischung unter die Rote-Bete-Masse.

6 Nehmen Sie den Teig aus dem Kühlschrank und rollen Sie ihn aus. Schneiden Sie vier gleichmäßige Kreise heraus.

7 Bestreichen Sie den Teig mit der Rote-Bete-Masse und verteilen Sie den Hüttenkäse darauf.

8 Backen Sie die Tartelettes im vorgeheizten Backofen bei 165 °C Umluft ca. 15 Minuten.

PFANNKUCHEN

2 Port.

20 Min.

Leicht

Zutaten

400 g Hüttenkäse (3,9 % Fett)
150 g Dinkelmehl
½ TL Backpulver
1 Pr Vanille (gemahlen)
2 EL Zucker
2 Eier
Butter

Nährwerte p. P.

541 kcal
63 g Kohlenhydrate
15 g Fett
37 g Eiweiß

1 Vermengen Sie alle Zutaten miteinander.

2 Erhitzen Sie etwas Butter in einer Pfanne und backen Sie jeweils eine kleine Menge Teig darin aus. Wenden Sie den Teig nach ca. 3 Minuten, wenn er auf der Unterseite bräunlich wird.

Tipp: Verzieren Sie Ihre Pfannkuchen mit etwas Obst oder Pudding.

RHABARBER-DESSERT

4 Port.

25 Min.

Leicht

Zutaten

400 g Rhabarber
200 g Hüttenkäse (3,9 % Fett)
50 g Ricotta
40 g Mandeln (gehackt)
40 g Mehl
6 EL Zucker

Nährwerte p. P.

623 kcal
32 g Kohlenhydrate
44 g Fett
22 g Eiweiß

1 Vermengen Sie die Mandeln mit dem Mehl und 2 EL Zucker. Verteilen Sie die Masse in Krümeln auf einem Backblech und backen Sie sie bei 220 °C im vorgeheizten Backofen etwa 5 Minuten lang.

2 Schälen und zerkleinern Sie den Rhabarber. Kochen Sie ihn gemeinsam mit dem restlichen Zucker unter ständigem Rühren auf, bis ein Kompott entsteht.

3 Verrühren Sie den Ricotta mit dem Hüttenkäse. Schichten Sie alle Zutaten in kleinen Gläsern auf.

HEIDELBEERCREME

4 Port.

10 Min.

Leicht

Zutaten

200 g Hüttenkäse (3,9 % Fett)
100 g Naturjoghurt
50 g Heidelbeeren
1 Stängel Minze
1 TL Zucker

Nährwerte p. P.

145 kcal
6 g Kohlenhydrate
5 g Fett
14 g Eiweiß

1 Waschen Sie die Minzblätter und zerhacken Sie sie anschließend.

2 Geben Sie den Joghurt, die Heidelbeeren, die Minze und den Zucker in einen Mixer oder pürieren Sie sie mit einem Pürierstab.

3 Rühren Sie den Hüttenkäse unter.

ERDBEEREIS

4 Port.

15 Min.

Leicht

Zutaten

400 g Hüttenkäse (3,9 % Fett)
450 g Erdbeeren
2 EL Honig
1 TL Vanilleextrakt

Nährwerte p. P.

215 kcal
24 g Kohlenhydrate
7 g Fett
14 g Eiweiß

1 Waschen Sie die Erdbeeren ab und entfernen Sie den Stiel.

2 Verrühren Sie den Hüttenkäse mit dem Honig und dem Vanilleextrakt.

3 Geben Sie die Erdbeeren dazu und pürieren Sie alles.

4 Geben Sie die Mischung in einen Gefrierbehälter und stellen Sie sie für mindestens 3 Stunden ins Gefrierfach. Rühren Sie zwischendurch immer wieder um.

FRISCHES HÜTTENKÄSE-DESSERT

4 Port. 20 Min. Leicht

Zutaten

150 g Brombeeren
150 g Erdbeeren
150 g Himbeeren
5 EL Hüttenkäse (3,9 % Fett)
2 EL Butter
1 EL Balsamico-Essig
1 TL Honig
2 Scheiben Brioche

Nährwerte p. P.

125 kcal
20 g Kohlenhydrate
3 g Fett
3 g Eiweiß

1 Waschen Sie das Obst und schneiden Sie die Erdbeeren in mundgerechte Stücke.

2 Verrühren Sie den Balsamico-Essig mit dem Honig. Geben Sie die Mischung über das Obst.

3 Schneiden Sie die Brioche in Scheiben. Schmelzen Sie die Butter in einer Pfanne und braten Sie die Brotwürfel darin an, bis sie braun werden.

4 Vermengen Sie alle Zutaten miteinander.

WINDBEUTEL

4 Port.

1 Std.

Mittel

Zutaten

250 g Hüttenkäse (3,9 % Fett)
250 ml Milch (1,5 % Fett)
200 g Erdbeeren
150 g Mehl
50 ml Öl
4 Eier
2 EL Puderzucker
2 Pr Salz

Nährwerte p. P.

223 kcal
20 g Kohlenhydrate
11 g Fett
10 g Eiweiß

1 Kochen Sie die Milch zusammen mit dem Öl und dem Salz auf.

2 Rühren Sie das Mehl in die Milch, bis ein fester Teig entstanden ist. Lassen Sie diesen auskühlen.

3 Rühren Sie die Eier unter den Teig.

4 Füllen Sie den Teig in einen Spritzbeutel mit Sterntülle und spritzen Sie acht Rosetten mit ausreichend Abstand.

5 Backen Sie den Teig im vorgeheizten Backofen bei 200 °C Umluft ca. 30 Minuten lang. Schneiden Sie die Rosetten danach quer in der Mitte durch und lassen Sie sie anschließend abkühlen.

6 Waschen und zerkleinern Sie die Erdbeeren.

7 Vermengen Sie die Erdbeeren mit dem Hüttenkäse und dem Puderzucker. Füllen Sie die Windbeutel mit der Masse.

Tipp: Anstelle von Erdbeeren können Sie auch anderes Obst verwenden.

Smoothies, Shakes & Getränke

CHEESECAKE-SMOOTHIE

4 Port.

10 Min.

Leicht

Zutaten

100 g Hüttenkäse (3,9 % Fett)
300 g Mango
250 g Ananas
200 ml Kefir
100 ml Kokoswasser

Nährwerte p. P.

155 kcal
21 g Kohlenhydrate
4 g Fett
6 g Eiweiß

1 Trennen Sie das Fruchtfleisch von der Ananas und der Mango von der Schale und schneiden Sie es in Würfel.

2 Geben Sie alle Zutaten in einen Mixer oder pürieren Sie sie mit einem Pürierstab.

3 Teilen Sie den Smoothie auf vier Gläser auf.

PROTEINDRINK

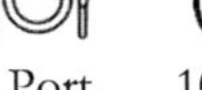

4 Port. 10 Min. Leicht

Zutaten

300 ml Milch (1,5 % Fett)
200 g Hüttenkäse (3,9 % Fett)
200 g Beeren-Mix
50 ml Rhabarbersaft
1 Vanilleschote

Nährwerte p. P.

476 kcal
30 g Kohlenhydrate
20 g Fett
36 g Eiweiß

1 Ritzen Sie die Vanilleschote ein und kratzen Sie das Mark aus.

2 Geben Sie alle Zutaten in einen Mixer oder pürieren Sie sie mit einem Pürierstab.

SPINAT-SMOOTHIE

4 Port. 10 Min. Leicht

Zutaten

250 ml Wasser
200 g Hüttenkäse (3,9 % Fett)
150 g Selleriestangen
125 g Babyspinat
1 Apfel
½ Orange
2 EL Agavendicksaft

Nährwerte p. P.

105 kcal
13 g Kohlenhydrate
2 g Fett
7 g Eiweiß

1 Waschen Sie den Spinat, den Apfel, die Orange und den Sellerie. Pressen Sie den Saft aus der Orange und entkernen Sie den Apfel.

2 Schneiden Sie den Apfel und den Sellerie in kleine Stücke.

3 Geben Sie alle Zutaten in einen Mixer oder pürieren Sie sie mit einem Pürierstab.

BANANENFLIP

2 Port.

10 Min.

Leicht

Zutaten

600 ml Milch (1,5 % Fett)
225 g Hüttenkäse (0,8 % Fett)
4 Bananen
1 Pr Zimt

Nährwerte p. P.

375 kcal
45 g Kohlenhydrate
11 g Fett
20 g Eiweiß

1 Schälen und zerkleinern Sie die Bananen.

2 Geben Sie alle Zutaten in einen Mixer oder pürieren Sie sie mit einem Pürierstab.

FRÜHSTÜCKSDRINK

1 Port.

10 Min.

Leicht

Zutaten

200 ml Sojamilch
50 g Ananas
75 g Haferflocken
1 Banane
2 EL Hüttenkäse (3,9 % Fett)

Nährwerte p. P.

98 kcal
8 g Kohlenhydrate
3 g Fett
12 g Eiweiß

1 Schneiden Sie die Ananas und die Banane klein und pürieren Sie beides zusammen mit den Haferflocken.

2 Rühren Sie die Sojamilch und den Hüttenkäse unter.

Bonus: Fitness- & Beautyrezepte mit Frischkäse

FITNESS-AUFLAUF

4 Port.

35 Min.

Leicht

Zutaten

600 g Hüttenkäse (0,8 % Fett)
100 g Erbsen
50 g Kidneybohnen
2 EL Kräutermischung
3 Eier
1 TL Salz

Nährwerte p. P.

267 kcal
6 g Kohlenhydrate
14 g Fett
29 g Eiweiß

1 Heizen Sie Ihren Backofen auf 180 °C Umluft vor.

2 Vermengen Sie alle Zutaten in einer Auflaufform miteinander.

3 Backen Sie den Auflauf etwa 30 Minuten lang.

HÜTTENKÄSE-SAHNE-MASKE

Wirkung: *liefert der Haut wichtige Nährstoffe*

1 Port.

5 Min.

Leicht

Zutaten

1 Teil (10 - 15 g) Hüttenkäse (3,9 % Fett)
1 Teil Sauerrahm
1 Teil Olivenöl
1 Teil Karottensaft

1 Verrühren Sie die Bestandteile miteinander und tragen Sie die Maske für 15 Minuten auf ihr Gesicht auf.

2 Waschen Sie sie danach gründlich mit lauwarmem Wasser ab.

HÜTTENKÄSE-HONIG-MASKE

***Wirkung:** befeuchtet die Haut, antiseptisch*

1 Port.

5 Min.

Leicht

Zutaten

2 EL Hüttenkäse (3,9 % Fett)
1 EL Milch, lauwarm (1,5 % Fett)
1 TL Honig
1 TL Zitronensaft

1 Vermischen Sie die Bestandteile gut miteinander und tragen Sie die Maske für etwa 20 Minuten auf Ihr Gesicht auf.

2 Waschen Sie die Maske danach mit lauwarmem Wasser ab.

HAARMASKE

***Wirkung:** sorgt für neuen Glanz*

1 Port. 10 Min. Leicht

Zutaten

100 ml Milch (1,5 % Fett)
3 EL Hüttenkäse (3,9 % Fett)

1 Erwärmen Sie die Milch und rühren Sie den Hüttenkäse unter.

2 Verteilen Sie die Maske in Ihren Haaren und lassen Sie sie 30 Minuten lang einwirken, bevor Sie sie auswaschen.

AUGENMASKE

Wirkung: bekämpft Augenringe

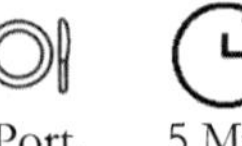

1 Port. 5 Min. Leicht

Zutaten

1 EL Beeren
1 EL Hüttenkäse (3,9 % Fett)
1 Eigelb

1 Zerdrücken Sie die Beeren und vermengen Sie sie mit den anderen Zutaten.

2 Geben Sie die Maske in ein Käsetuch und legen Sie sie auf die geschlossenen Augen.

3 Nehmen Sie sie nach 15 Minuten wieder herunter.